L'ORMA ÉDITIONS

Se construire avec patience.
Lettres de liberté et de détermination

Lettres choisies, présentées et traduites
par Margaux Bricler

1re édition française : avril 2021

info@editionslorma.fr
www.editionslorma.fr

1re édition italienne : juin 2016

ISBN 978-88-31312-65-3

CHARLOTTE BRONTË

Se construire avec patience.

L'ORMA ÉDITIONS

Lettres de liberté et de détermination

Introduction

Tout commence par un épisode survenu pendant la dixième année de la future écrivaine. Charlotte Brontë, romancière emblématique, avec sa sœur Emily, de la littérature anglaise du XIXe siècle, vient de perdre ses deux sœurs aînées, emportées par la tuberculose qui décime et décimera l'Angleterre durant tout le siècle. Depuis lors, elle est confinée avec le reste de la fratrie (Branwell, Emily et Anne) dans le presbytère de Haworth, bâtisse de pierre grise isolée dans la lande venteuse et duvetée de bruyères du Yorkshire, aux portes et fenêtres ouvrant sur un petit cimetière qui abrite, entre autres, la tombe de sa mère, morte en 1821 lorsqu'elle avait cinq ans, et celles de ses deux sœurs. Un soir de cette année 1826, son père, le révérend Patrick Brontë, qui souhaite distraire et consoler ses enfants encore endeuillés, rapporte à Branwell, le puîné, une boîte contenant douze soldats de bois. Branwell montre l'objet à ses sœurs et initie une longue aventure de jeux de rôle, d'abord spontanés, puis minutieusement retranscrits en pattes de mouche dans de petits carnets à la manière des

épisodes du *Blackwood's Magazine*, auquel leur père les avait abonnés et qu'ils adoraient.
Ce sont là les prémices de l'épopée littéraire qui allait étreindre, à des degrés divers, les enfants de la famille. Mais ce bouillon extraordinaire serait sans doute demeuré un jeu solipsiste claquemuré entre la maison de Haworth et ses bruyères s'il n'y avait eu Charlotte parmi ces adolescents dont elle était désormais l'aînée.
Menue et opiniâtre, « Poor Charlotte » a reçu grâce à son père, trop souvent caricaturé comme un horrible rigoriste, une instruction remarquable pour une jeune femme issue d'un milieu modeste dans les années 1820-1830. Sans être à proprement parler pauvres, les sœurs Brontë ne sont protégées que par la position de leur père au sein de l'Église d'Angleterre. Il est certes logé, mais reçoit un médiocre salaire, les obligeant à se tourner vers la seule profession qui soit autorisée aux femmes à l'aube de l'époque victorienne – en dehors de la prostitution. Cette profession, c'est celle de gouvernante, « rang [...] à mi-chemin entre celui de femme de chambre et celui de nourrice », comme Charlotte l'écrit à son amie Ellen Nussey en 1842. Dans un autre billet qu'elle lui envoie, elle ajoute : « Je me sens misérable lorsque je m'autorise à ruminer sur mon destin : être gouvernante pour le reste de ma vie. » Elle s'y pliera avec beaucoup de souffrance et de difficulté, développant une peur du déclassement qui irradie dans tous ses textes : la dimension économique et la question de la transmission de la propriété y sont centrales, tout autant que le souci

de la reconnaissance du mérite des femmes. Ainsi, *Jane Eyre*, qui eut un succès immédiat lors de sa publication en octobre 1847, dénonce sans atermoiement ni fausse pudeur le sort réservé aux jeunes filles (pauvres, mais pas seulement) ; une œuvre pourtant lue et relue par la reine Victoria, qui la cite à plusieurs reprises dans ses notes de lecture. Par ailleurs, on s'est longtemps demandé si *Shirley*, paru en 1849, était un roman proto-féministe, tant la condition féminine y est décrite avec une impitoyable lucidité. Ce qui importe, c'est que l'entière trajectoire de Charlotte Brontë articule aussi bien les écrits de jeunesse comme matrice de narrations délirantes qu'une implacable nécessité d'échapper à la seule carrière qui semble s'offrir à elle.

Cet arrimage au *réel* fait d'elle la formidable impresario d'une fratrie surdouée – dont elle exclut pourtant Branwell –, devenu ivrogne et opiomane. Et c'est à partir de la perception aiguë de l'injustice dont elle est victime, étant femme et *prolétaire*, qu'elle parvient à enchevêtrer la tradition versifiée romantico-gothique avec un certain réalisme ironique à la Dickens.

Lorsque Charlotte les embarqua dans la folle aventure éditoriale qui vit la publication d'un recueil de poèmes en 1846 puis, l'année suivante, de leurs romans *Jane Eyre*, *Les Hauts de Hurlevent* et *Agnès Grey*, les trois sœurs Brontë choisirent des pseudonymes que l'on a longtemps qualifiés de masculins. Autre trait de génie symbiotique, ces noms d'emprunt – Currer, Ellis et Acton Bell –, qui maintiennent l'exactitude des initiales des autrices

tout en voilant leur identité féminine, n'en restent pas moins parfaitement indéfinissables du point de vue du genre. Fonctionnels et efficaces, ils ne les trahissent cependant pas. Cette éthique, propre à Charlotte Brontë et qu'elle tâcha de mettre en acte tout au long de sa vie, se retrouve dans ses protagonistes : fidèles à elles-mêmes et profondément révoltées, elles épousent leur morale personnelle, à rebours, s'il le faut, des règles de la société.
À travers un choix de lettres écrites à ses amies et amis, à ses éditeurs et à ses pairs, ce recueil offre une vision kaléidoscopique de l'écrivaine et restitue sa personnalité hors du commun, où lucidité et humilité vont de pair avec une détermination incoercible.

MARGAUX BRICLER

Biographie succincte

1816, 21 avril ❖ Charlotte Brontë naît à Thornton, dans le Yorkshire. C'est la troisième fille du révérend irlandais Patrick Brontë et de Maria Branwell, originaire de Cornouailles.

1820, 25 février ❖ Le révérend Brontë emménage dans le presbytère de Haworth avec son épouse, ses cinq filles et son fils (Maria, Elizabeth, Charlotte, Branwell, Emily et Anne). Les enfants reçoivent une éducation quelque peu rigide mais, fait rare pour l'époque, sans distinction de sexe.

1821, 15 septembre ❖ Maria Branwell, épouse Brontë, meurt d'un cancer à l'estomac. Sa sœur, la tante Elizabeth, s'installe à Haworth pour s'occuper des enfants.

1824 ❖ Charlotte et ses sœurs Maria, Elizabeth et Emily sont inscrites par leur père à la Clergy Daughters' School de Cowan Bridge, un pensionnat destiné aux filles issues du bas clergé où les conditions d'hygiène et de vie sont misérables. De fait, les sœurs Brontë contractent la tuberculose. Elles sont retirées de l'institution et confinées à Haworth. Malgré tout, l'année suivante, les deux aînées succombent au mal du siècle.

1826 ❖ Le révérend Brontë offre une boîte contenant douze soldats de bois à Branwell, matrice d'infinis jeux de rôle puis d'histoires écrites à quatre mains, intitulées

Glass Town Saga et *Gondal Saga*. En parallèle de cette pratique collective poursuivie jusqu'à l'âge adulte, la fratrie commence à composer des vers, ensemble et séparément.

1831 ❖ Charlotte Brontë est admise à la Roe Head School que dirige Margaret Wooler. C'est là qu'elle fait la connaissance d'Ellen Nussey, qui deviendra son amie jusqu'à sa mort. La fréquentation de cet internat et la rencontre avec sa directrice sont décisives pour la future écrivaine, qui se révèle être une excellente élève.

1835 ❖ Elle fait sa première expérience d'enseignement au sein de la Roe Head School.

1839 ❖ Premier poste de gouvernante.

1842 ❖ Afin d'améliorer leur français et dans l'optique d'ouvrir une école pour jeunes filles à leur retour, Charlotte et Emily Brontë fréquentent pendant quelques mois un pensionnat à Bruxelles. Elles doivent toutefois écourter leur séjour suite au brusque décès de la tante Elizabeth survenu à l'automne 1842.

1843, janvier ❖ Charlotte Brontë revient seule à Bruxelles, cette fois-ci en qualité d'enseignante. Pendant ce second séjour en Belgique, qui dure environ un an, elle tombe amoureuse de son ancien professeur, Constantin Héger, époux de la directrice de l'internat – amour *fou* et non réciproque, auquel Héger met un terme en ne répondant à aucune de ses lettres.

1846 ❖ Elle découvre les poésies de sa sœur Emily dans un carnet oublié ouvert sur une table. Époustouflée, elle la convainc, ainsi qu'Anne, la benjamine, de publier quelques-uns de leurs vers. C'est sous les pseudonymes de Currer, Ellis et Acton Bell que paraît la même année chez Aylott & Jones un petit recueil.

1847 ❖ Alors que les sœurs Brontë tentent, toujours sous pseudonyme, de publier leurs romans, celui de Charlotte, *Le Professeur*, est refusé. Elle le remaniera et l'achèvera à la fin de sa vie, mais il ne paraîtra qu'à titre posthume en 1857. Pendant l'été 1847, elle rédige *Jane Eyre*, immédiatement accepté par l'éditeur Smith, Elder & Co. Dès sa sortie, en octobre, le roman obtient un immense succès. *Les Hauts de Hurlevent* (Emily) et *Agnès Grey* (Anne) paraissent en décembre de la même année aux éditions Newby.

1848 ❖ Charlotte Brontë se rend en catastrophe à Londres afin de révéler sa véritable identité (ainsi que celle de ses sœurs) à ses éditeurs. En septembre, elle perd son frère Branwell. En décembre, c'est Emily qui est emportée par la tuberculose.

1849 ❖ Après la mort de sa sœur Anne, elle aussi phtisique, Charlotte Brontë retourne à son nouveau roman, *Shirley*, qui paraît chez Smith, Elder & Co le 26 octobre.

1850 ❖ Souffrant d'une dépression sévère, elle continue de vivre dans le presbytère paternel, mais sa santé se dégrade et les premiers symptômes de la tuberculose apparaissent. Elle passe une partie de l'été à Londres et y développe une vision très personnelle de la métropole et de ses habitants. Ses contacts avec le monde littéraire de l'époque, dont elle se tient en marge, sont précautionneux et empreints de défiance. Elle s'occupe par ailleurs de la réimpression des romans de ses sœurs.

1851 ❖ Elle commence la rédaction de *Villette*, mais la dépression et la maladie l'empêchent de travailler avec constance à son nouveau roman. Elle se rend à nouveau à Londres et séjourne un moment sur la côte septentrionale du Yorkshire pour se soigner.

1852 ❖ Charlotte termine *Villette* et l'envoie à ses éditeurs. Parfaitement rôdée aux mécanismes du marché, elle demande à Smith & Elder d'en reporter la publication afin qu'elle ne se superpose pas à celle de la seconde édition de *Shirley*.

1853, janvier ❖ Parution de *Villette*, considéré par la critique comme son chef-d'œuvre de la maturité.

1854, juin ❖ Charlotte Brontë épouse le révérend Nicholls, sans toutefois devoir quitter le presbytère paternel.

1855, 31 mars ❖ Elle meurt à Haworth, enceinte et tuberculeuse.

1857 ❖ Elizabeth Gaskell, romancière à succès et amie de Charlotte, publie, sur commande de son père, la première biographie de l'écrivaine.

Se construire avec patience

Ce recueil s'ouvre par une lettre à Ellen Nussey (1817-1897), camarade de classe de Charlotte Brontë et l'amie de toute une vie avec qui elle a entretenu une vaste correspondance.
La future écrivaine a 16 ans lorsqu'elle rédige cette lettre; elle y ébauche une description des journées passées avec son frère et ses sœurs à Haworth, dans le presbytère paternel qui sera le théâtre de la plus grande partie de son existence.

À Ellen Nussey

21 juillet 1832

Ma très chère Ellen,
Ta lettre, passionnante et douce, m'a fait très sincèrement plaisir; depuis mon arrivée, j'ai attendu presque tous les jours d'avoir de tes nouvelles et je commençais à désespérer de jamais recevoir la lettre tant désirée. Tu me demandes de te décrire la manière dont je passe mes journées depuis que j'ai quitté l'École : voilà qui sera vite fait, puisque le compte rendu d'un jour vaut pour le compte rendu de tous les autres. Le matin, de 9 heures à

midi et demi, je fais l'instruction de mes Sœurs et je dessine, puis nous nous promenons jusqu'au déjeuner, après quoi je couds jusqu'à l'heure du thé ; après le thé, selon mon humeur, je lis ou bien j'écris ou brode ou encore dessine, et c'est ainsi, de façon agréable quoique parfois monotone, que ma vie s'égrène. Je ne suis sortie prendre le thé que deux fois depuis mon retour à la maison, nous attendons des invités cet après-midi et mardi prochain, nous devrions recevoir toutes les Enseignantes de l'École Dominicale pour le thé. [...]
Ta grande amie,

Charlotte Brontë

P.S. Rappelle-toi la promesse mutuelle que nous nous sommes faite d'entretenir une correspondance régulière. [...]

En décembre 1936, Charlotte Brontë écrit au poète, essayiste et éditeur Robert Southey (1774-1843). Elle désire en effet avoir son avis sur quelques poèmes qu'elle lui a précédemment envoyés. Southey ne répond que trois mois plus tard, le 12 mars 1837. Tout en lui concédant une certaine capacité à composer des vers, il la met en garde : la poésie n'a guère les faveurs du public à l'aube de l'ère victorienne. En outre, il lui recommande lourdement de ne s'adonner à la poésie que comme à un passe-temps agréable et purement personnel ; il ne faudrait pas qu'elle néglige ses obligations féminines naturelles : « La littérature ne peut en aucun cas constituer l'occupation première d'une femme, et il est juste qu'il en aille ainsi. »

À Robert Southey

16 mars 1837

Monsieur,

Je ne trouverai point de repos avant d'avoir répondu à votre lettre, quoiqu'en m'adressant à vous une seconde fois je puisse paraître quelque peu intrusive ; mais je dois vous remercier pour les conseils aimables et avisés que vous avez daigné me dispenser. [...] Vous ne m'interdisez pas d'écrire ; vous ne dites pas non plus que ce que j'écris est absolument privé de valeur ; vous me mettez simplement en garde contre la folie de négliger mes véritables devoirs en vertu des plaisirs de la création, d'écrire par amour de la gloire ou par exaltation égoïste de l'émulation. Vous me permettez gentiment d'écrire de la poésie pour mon petit plaisir, à condition que je ne déroge à aucune de mes tâches en poursuivant cette gratification solitaire, captivante et exquise : je crains, Monsieur, que vous ne m'imaginiez écervelée – je suis consciente que la lettre que je vous ai envoyée n'était qu'un salmigondis de la première à la dernière phrase. Pourtant, je ne suis pas uniquement l'être oisif et rêveur qu'elle a pu laisser entrevoir. Mon père est pasteur, et je suis la plus âgée de ses enfants. Il a dépensé pour mon instruction tout ce qu'il pouvait se permettre au regard de ses revenus limités mais suffisants. J'ai pensé qu'il était donc de mon devoir, après avoir quitté l'école, de devenir gouvernante. Cette fonction occupe mes pensées toute la journée, tout comme ma tête et

mes mains, et ne me laisse aucun instant pour divaguer ou rêvasser. Le soir, je dois admettre que je pense, mais je ne dérange jamais personne avec mes réflexions. Je me garde bien d'avoir l'air préoccupé ou excentrique : cela pourrait amener ceux qui m'entourent à avoir quelque soupçon sur la nature de mes ambitions. Suivant les recommandations de mon père, qui n'a fait que me conseiller sagement depuis mon plus jeune âge, et au regard du ton amical de votre lettre, je me suis non seulement efforcée de respecter tous les devoirs qui incombent à une femme, mais de les trouver de surcroît passionnants. Je n'y parviens pas toujours car, de temps à autre, quand j'enseigne ou quand je couds, je sens que je préférerais de loin lire ou écrire. Mais je m'efforce de me contenir, et l'approbation de mon père a jusqu'à présent largement récompensé mon abnégation.
Permettez-moi de vous remercier encore une fois.
Avec ma sincère gratitude. [...]

C. Brontë

En mars 1939, Charlotte Brontë reçoit une demande en mariage inattendue du révérend Henry Nussey, le frère d'Ellen. La lettre qui suit, dans laquelle elle explique à son amie les raisons de son refus, exprime joliment la vitalité et l'indépendance qui l'habitent, sa détermination à rester fidèle à ses idées et la sincérité de ses sentiments.

À Ellen Nussey

12 mars 1839

Ma très chère Ellen,

[...] Tu me demandes, ma chère, si j'ai reçu une lettre d'Henry – c'est le cas, il y a environ une semaine de cela. Son contenu m'a quelque peu surprise, j'en conviens, mais je l'ai gardé pour moi, et si tu ne m'avais pas questionnée à ce sujet, je n'y aurais jamais fait allusion. Henry dit qu'il est confortablement installé dans le Sussex, que sa santé s'est nettement améliorée et qu'il a l'intention de recevoir des élèves après Pâques; il confie ensuite qu'il prendra une épouse en temps voulu, afin qu'elle s'occupe de ses élèves, et me demande sans ambages d'être cette épouse. La lettre est tout entière écrite sans simagrées ni flatteries, avec un bon sens qui fait honneur à son jugement. Il faut reconnaître, ma chère Ellen, qu'il y avait dans cette proposition quelques éléments qui auraient pu fortement me tenter – j'ai pensé « si j'acceptais ce mariage, Ellen pourrait vivre avec moi, et comme j'en serais heureuse » –, mais je me suis alors posé deux questions : « Aimé-je Henry Nussey autant qu'une femme doit aimer son mari ? Suis-je la personne la plus qualifiée pour le rendre heureux ? » Ma conscience, Ellen, a hélas répondu « non » à ces deux questions. J'ai senti que, même si j'ai de l'estime pour Henry – même si j'ai pour lui un affectueux penchant, parce que c'est un homme aimable et bienveillant – je n'éprouve cependant pas et n'éprouverai jamais cet intense attachement qui me ferait vouloir mourir pour lui – et si jamais je me marie un jour, cela doit être dans cet esprit d'adoration envers mon Mari. Je parie dix contre un que je n'aurai jamais cette chance, mais *n'importe*[1]. En outre, je me rends compte qu'Henry me connaît si peu qu'il sait difficilement à qui il s'adresse. Il serait bien étonné de me voir telle que je suis à la maison, il penserait que je suis sauvage, romantique et exaltée. Je ne saurais rester assise toute la journée la mine sévère devant mon mari ; je me mettrais à rire, à me moquer et à dire tout ce qui me passe par la tête à la première occasion. Serait-il un homme intelligent et amoureux de moi, le poids du monde entier serait sur la balance aussi léger que l'air face au plus infime de ses désirs. Pourrais-je, connaissant la nature de mon esprit, pourrais-je me dire consciemment que je prends pour époux un jeune homme sérieux et tranquille comme Henry ? Non, ce serait le décevoir – et ce genre de déception est indigne de quiconque. Ainsi lui ai-je répondu par une longue lettre dans laquelle j'ai exprimé mon refus avec toute la douceur possible, tout en lui avouant sincèrement les raisons de ce refus. Je lui ai également décrit le type de caractère qui, je crois, lui conviendrait pour une épouse. Au revoir ma chère Ellen, écris-moi vite et dis-moi si tu es en colère contre moi.

C. Brontë

[1] En français dans le texte.

Dès la fin des années 1830, les sœurs Brontë découvrent la seule profession autorisée aux femmes : celle de gouvernante. Éreintante, cette fonction qui ne diffère en rien ou presque de celle de domestique est la seule à leur garantir une indépendance financière; elle est le prix à payer pour avoir la liberté de se marier, ou non. Les deux lettres qui suivent donnent un aperçu de cette condition humiliante que tous les romans de Charlotte Brontë dépeindront et dénonceront, l'éloignant du romantisme gothique notamment poursuivi par sa sœur Emily, et l'ancrant dans le réalisme anglais qui point dans la première moitié du dix-neuvième siècle.

À Ellen Nussey

Haworth, 24 janvier 1840

Ma chère Ellen,

Il te serait impossible de vivre dans une violente et ingérable famille d'enfants modernes tels que ceux de Blake Hall. Anne n'y retournera plus. Mrs Ingham est certes une femme placide et clémente; mais en ce qui concerne les enfants, une lutte désespérée et des efforts harassants réussissent à peine à les maintenir dans un semblant d'ordre décent. Je me sens misérable lorsque je m'autorise à ruminer sur mon destin : être gouvernante pour le reste de ma vie. Pour ce poste, le prérequis par excellence me semble celui d'avoir le pouvoir de prendre les choses à la légère, comme elles viennent, et de se sentir bien et chez soi quel que soit l'endroit où l'on tombe – des qualités qui font singulièrement défaut dans notre famille. Je sais que je suis incapable de

vivre avec une personne comme Mrs Sigdwick, mais j'espère que toutes les femmes ne sont pas comme elle, et ma devise est « tiens bon ». Je suis navrée d'apprendre que Mary Taylor est malade – l'as-tu vue ou as-tu reçu de ses nouvelles récemment ? La maladie semble rôder partout, et la mort aussi, à tout le moins dans ces parages.
– À toi et pour toujours,

C.B.

À Ellen Nussey

Upperwood House, 1er avril 1841

Ma chère Nell,
Il est minuit, mais il me faut t'envoyer un mot avant d'aller au lit. Si tu crois que je vais refuser ton invitation, ou si tu me l'as envoyée avec cette idée en tête, eh bien tu te trompes. Juste après avoir lu ta pauvre petite note, j'ai immédiatement rassemblé mes esprits et, inopinément, je me suis plantée devant Mrs White, lui ai posé la question et n'ai reçu aucune réponse pendant deux minutes. Va-t-elle refuser alors que je travaille si dur pour elle ? « O-u-i-i-i » fut dit sur un ton réticent et froid. « Merci M'dame », ai-je répliqué extrêmement affable et, alors que je quittais la pièce, elle m'a rappelée ainsi : « Après réflexion, vous feriez mieux d'y aller samedi après-midi, quand les enfants ont leur congé, et si vous rentrez en temps et en heure pour qu'ils aient toutes leurs leçons du lundi matin, je ne vois pas ce que l'on perdrait dans l'affaire. »

Tu es *vraiment* peau de vache comme une Irlandaise, ai-je pensé, mais j'ai acquiescé encore une fois. Samedi en quinze est donc le jour dont nous avons convenu – *et non samedi prochain, note bien*. [...] Je viendrai – Dieu seul sait si ce sera avec le cœur joyeux et reconnaissant –, ravie de profiter d'un jour de répit du labeur. Si tu n'envoies pas de voiture, je viendrai à pied. Écoute à présent, je ne viens pas à Brookroyd dans l'idée de dissuader Mary Taylor de partir pour la Nouvelle-Zélande. J'ai déjà dit tout ce que j'avais à dire sur le sujet, et elle a parfaitement le droit de décider pour elle-même. Je viens pour goûter au plaisir de la liberté, pour quelques bavardages agréables et pour voir deux ou trois visages que j'aime. Dieu te bénisse. J'ai envie de te revoir bien vite! Hourra pour l'après-midi de samedi en quinze! Bonne nuit, ma belle.

C. Brontë

Vouant une immense admiration à Margaret Wooler, la directrice de la Roe Head School où elle a étudié pendant son adolescence puis brièvement enseigné en 1835, Charlotte Brontë rêve d'ouvrir avec ses sœurs une institution pour jeunes filles. Et c'est à ce dessein et grâce au soutien économique de la tante Elizabeth qu'Emily et elle se rendent en 1842 à Bruxelles pour suivre les cours du pensionnat dirigé par Madame Héger et son époux, lequel, nous le verrons, jouera un rôle décisif dans la formation de la future romancière.

À Ellen Nussey

Bruxelles, mai 1842

Chère Ellen,

[...] J'ai 26 ans depuis une semaine ou deux et, à un âge déjà mûr, me voilà redevenue étudiante – uniquement étudiante et, je dois dire, très heureuse de ma situation. Au début, cela m'a paru très étrange de devoir me soumettre à l'autorité au lieu de devoir l'exercer – d'obéir aux ordres au lieu de les donner – mais j'aime cet état de fait – j'y suis retournée avec la même avidité qu'une vache longtemps nourrie au foin retourne à l'herbe fraîche. Ne ris pas de ma comparaison ; il est aussi naturel pour moi de me soumettre que commander m'est étranger.

Il s'agit d'une grande école qui abrite 40 externes et 12 pensionnaires. Madame Héger, la directrice, est une femme qui a exactement la même mentalité, le même degré de culture et le même genre de caractère que Miss Catherine Wooler[1]. Seule la sévérité est chez elle adoucie, à mon avis parce qu'elle n'a pas été déçue et n'est donc pas aigrie – en deux mots – elle a abandonné le célibat et s'est mariée. Il y a 3 enseignantes à l'école : Mademoiselle Blanche, Mademoiselle Sophie et Mademoiselle Marie. Les deux premières n'ont rien de très particulier – l'une est vieille fille, l'autre le deviendra. Mademoiselle Marie est talentueuse et originale, mais ses manières repoussantes et despotiques lui

[1] Il s'agit de la sœur cadette de Margaret Wooler, précédemment mentionnée.

ont mis à dos toute l'école, en dehors d'Emily et moi. Pas moins de 7 maîtres nous enseignent les différentes matières de notre instruction : le français, le dessin, la musique, le chant, l'écriture, l'arithmétique et l'allemand.

Toute la maisonnée est Catholique, sauf nous, une autre fille et la gouvernante des enfants de Madame – une Anglaise dont le rang est à mi-chemin entre celui de femme de chambre et celui de nourrice. La différence de nationalité et de religion crée une profonde ligne de démarcation entre nous et tous les autres. Nous sommes complètement isolées au milieu de tout ce monde ; et pourtant, je ne me sens jamais malheureuse, ma vie présente est si délicieuse et si conforme à ma nature, comparée à celle d'une Gouvernante. Le temps, constamment occupé, passe pour moi trop vite ; jusqu'à présent, Emily comme moi avons été en bonne santé, et nous avons donc pu bien travailler. Il ne reste qu'une personne dont je n'ai pas encore parlé : Monsieur Héger, le mari de Madame, il est professeur de rhétorique. C'est un homme d'une grande intelligence, mais très colérique et de tempérament irritable ; un être petit, noir et affreux au visage fort expressif : parfois ses traits deviennent ceux d'un matou en furie, parfois ceux d'une hyène délirante. Occasionnellement, quoique très rarement, il se débarrasse de ses périlleuses grimaces et prend un air pas si éloigné de ce que l'on qualifierait de parfait gentleman. Il est très fâché après moi en ce moment même, parce que j'ai rendu une traduction qu'il a choisie de stigmatiser comme *peu correct*[1] – non qu'elle le soit particulièrement, en réalité, mais simplement parce qu'il l'a lue alors qu'il était de mauvaise humeur ; cela, il ne me l'a pas dit, mais il a inscrit son accusation dans la marge de mon cahier et m'a demandé dans des termes austères et concis pourquoi mes compositions étaient toujours meilleures que mes traductions, ajoutant que la chose lui paraissait inexplicable. Le fait est qu'il y a quelques semaines, il m'a interdit, avec un humour de haut vol, l'usage d'un dictionnaire ou d'une grammaire. Comme je traduis en français des compositions anglaises des plus difficiles, ma tâche est rendue franchement ardue et cela me force à y glisser, de temps à autre, un mot anglais, ce qui lui fait presque sortir les yeux de la tête lorsqu'il s'en aperçoit.

Emily et lui ne s'entendent pas du tout. Quand il est trop féroce avec moi, je me mets à pleurer et cela remet les choses à leur place.

Emily travaille comme un Turc et elle a des difficultés bien plus grandes que les miennes à affronter. Car en effet, celles qui, pour leur instruction, fréquentent une école française doivent avoir précédemment acquis une connaissance approfondie de la langue française. Faute de quoi, elles perdent énormément de temps, les cours étant pensés pour des personnes dont c'est la langue maternelle et non pour des étrangères. Et dans ces grands établissements, on ne change pas le cours habituel

[1] En français dans le texte.

pour une ou deux étrangères. J'imagine que les quelques leçons particulières que Monsieur Héger a daigné nous prodiguer doivent être considérées comme une immense faveur ; et je peux d'ores et déjà percevoir toute la jalousie et la méchanceté qu'elles ont suscitées dans l'école.
Tu vas me reprocher cette lettre trop brève, il y a encore mille choses que je voudrais te raconter mais je n'en ai pas le temps. Toi, écris-moi, et chéris en ton cœur la charité chrétienne ! Bruxelles est une belle ville – les Belges haïssent les Anglais – leur morale apparente est plus rigide encore que la nôtre – lacer son corset sans porter un quelconque foulard sur la gorge est considéré comme une marque dégoûtante d'indélicatesse – Mon meilleur souvenir à Mercy et à ta Mère. Crois-moi tienne, Ellen, même s'il y un bras de mer entre nous !

C. Brontë

Quelques années plus tard, Charlotte Brontë revient seule à Bruxelles pour enseigner à son tour dans le pensionnat de Madame Héger. Elle tombe peu à peu follement amoureuse de Constantin Héger. Incapable de contenir ou de cacher cette passion, elle est repoussée par Héger et s'attire les foudres de son épouse. Rentrée à Haworth, elle lui écrit plusieurs fois, sans jamais recevoir de réponse. On a souvent dit que ces lettres, toutes rédigées en français (et que nous transcrivons ici sans correction), témoignaient du sentiment à la limite du masochisme qui l'habitait, et que l'on pouvait y déceler le moule du rapport que Jane Eyre entretient avec Edward Fairfax Rochester. C'est certes le cas, mais au cœur même de cet amour fantasmé, ces lettres ne manquent pas d'ambition et d'effronterie.

À Constantin Héger

Haworth, 24 juillet 1844

Monsieur,
Je sais bien que ce n'est pas à mon tour de vous écrire, mais puisque M^{de} Wheelwright va à Bruxelles et veut bien se charger d'une lettre – il me semble que je ne dois pas négliger une occasion si favorable pour vous écrire.
[…] Je crains beaucoup d'oublier le français, car je suis bien persuadée que je vous reverrai un jour – je ne sais pas comment ni quand – mais cela doit être puisque je le désire tant, et alors je ne voudrais pas rester muette devant vous – ce serait trop triste de vous voir et de ne pas pouvoir vous parler [;] pour éviter ce malheur – j'apprends, tous les jours, une demie page de français par cœur dans un livre de style familier : et j'ai un plaisir à apprendre cette leçon – Monsieur – quand je prononce les mots français il me semble que je cause avec vous.
[…] Notre Presbytère est une maison assez grande – avec quelques changements, il y aura de la place pour cinq ou six pensionnaires – si je pouvais trouver ce nombre d'enfants de bonne famille, je me dévouerais à leur éducation – Emilie n'aime pas beaucoup l'instruction mais elle s'occuperait

toujours du ménage, et quoiqu'[un] peu recluse, elle a trop bon cœur pour ne pas faire son possible pour le bien-être des enfants.
[...] Voilà mon projet Monsieur, que j'ai déjà expliqué à mon père et qu'il trouve bon. [...] Je ne dis pas que je réussirai mais je tacherai de réussir – le seul effort me fera du bien – il n'y a rien que je crains comme la paresse – le désœuvrement – la léthargie des facultés – quand le corps est paresseux, l'esprit souffre cruellement.
[...] Je ne connaîtrais pas cette léthargie si je pouvais écrire – autrefois je passais des journées, des semaines, des mois entiers à écrire et pas tout à fait sans fruit puisque Southey, et Coleridge – deux de nos meilleurs auteurs, à que j'ai envoyé certains manuscrits en ont bien voulu témoigner leur approbation – mais à présent j'ai la vue trop faible pour écrire – si j'écrivais beaucoup je deviendrais aveugle. Cette faiblesse de vue est pour moi une terrible privation – sans cela savez-vous ce que je ferais Monsieur ? – j'écrirais un livre et je le dédierais à mon maître de littérature – au seul maître que j'ai jamais eu – à vous Monsieur. Je vous ai souvent dit en français combien je vous respecte – combien je suis redevable à votre bonté, à vos conseils, je voudrais le dire une fois en anglais – Cela ne se peut pas – la carrière de lettres m'est fermée – celle de l'instruction seule m'est ouverte – elle n'offre pas les mêmes attraits – c'est égal, j'y entrerai et si je n'y vais pas loin, ce ne sera pas [par] manque de diligence. Vous aussi Monsieur – vous avez voulu être avocat – le sort ou la Providence

vous a fait professeur – vous êtes heureux malgré cela.

[...] Adieu Monsieur, – Votre élève reconnaissante,

C. Brontë

De cette dernière lettre à Constantin Héger émerge la dualité des sentiments éprouvés par Charlotte Brontë, au travers de la promesse de ne lui écrire que deux fois l'an. On perçoit d'une part les efforts mis en œuvre pour ne pas perdre pied en succombant entièrement à la passion et, en concomitance, au désespoir. D'un autre côté, son comportement obsessionnel à l'égard des dates et des mécanismes de transfert archétypaux (maître – père – bien-aimé) trahit la dérive psychologique à laquelle elle tentait de faire face.

À Constantin Héger

Haworth-Bradford-Yorkshire,
18 novembre 1845

Monsieur,

Les six mois de silence sont écoulés; nous sommes aujourd'hui au 18 Nov[em]bre, ma dernière lettre était datée (je crois) le 18 Mai, je puis donc vous écrire, sans manquer à ma promesse.

L'été et l'automne m'ont paru bien longs; à vrai dire il m'a fallu des efforts pénibles pour supporter jusqu'à présent la privation que je me suis imposée : vous ne pouvez pas concevoir cela, vous, Monsieur, mais imaginez-vous, pour un instant, qu'un de vos

Portrait authentique des sœurs Brontë, dit « à la colonne », réalisé par leur frère Branwell autour de 1834 et conservé à la National Portrait Gallery de Londres. À l'origine, le peintre s'était également représenté dans le tableau, entre Emily (au centre) et Charlotte (à droite). Il a ensuite recouvert sa figure d'une colonne dans laquelle on aperçoit le repentir. Seul garçon de la famille, Patrick Branwell avait, outre la vocation littéraire commune à toute la fratrie, des talents de peintre qui lui permirent de temps à autre de gagner sa vie. Psychologiquement fragile et tuberculeux, il mourut épuisé par ses excès de drogues en 1848.

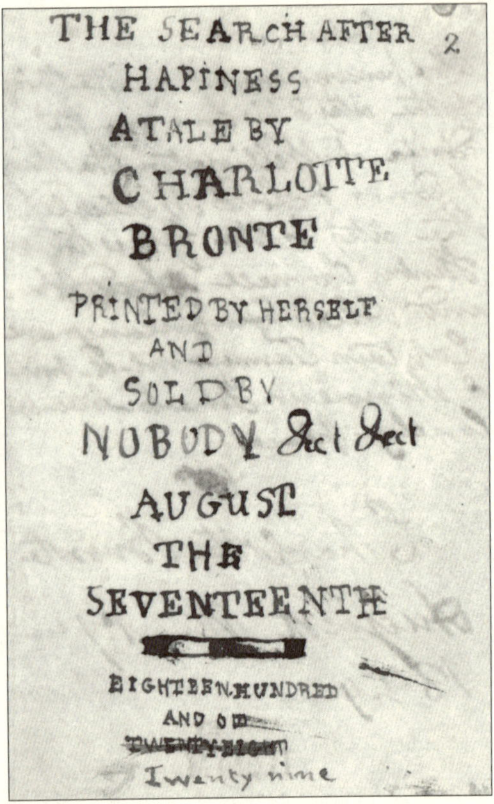

THE SEARCH AFTER
HAPINESS
A TALE BY
CHARLOTTE
BRONTE
PRINTED BY HERSELF
AND
SOLD BY
NOBODY &c &c
AUGUST
THE
SEVENTEENTH
[redacted]
EIGHTEEN HUNDRED
AND
~~TWENTY-EIGHT~~
Twenty nine

Frontispice du petit volume *The Search after Happiness*, écrit et relié de la main de la jeune Charlotte en 1829. On a retrouvé pléthore de carnets de ce type dans lesquels les enfants Brontë transcrivaient les histoires et poèmes nés de leurs jeux quotidiens, et qu'ils « publiaient » pour eux-mêmes.
Dans *The Search after Happiness* sont narrées les aventures d'un homme partant à la quête du bonheur dans un royaume africain imaginaire appelé Glass Town.

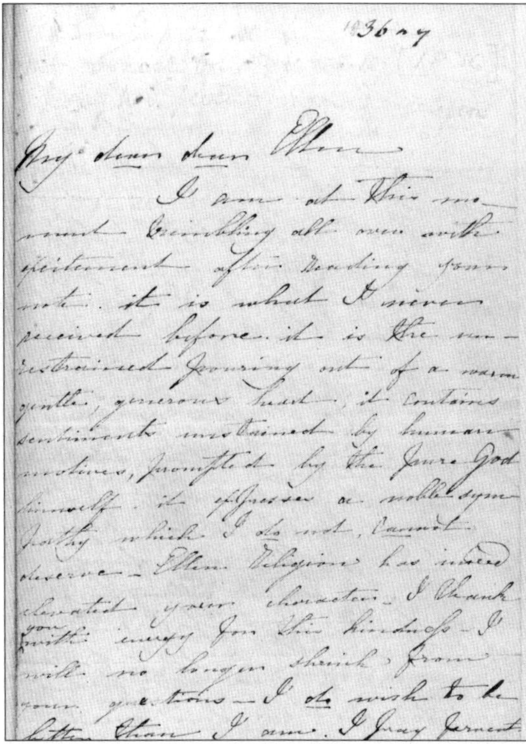

1836 - 7

My dear dear Ellen

I am at this moment trembling all over with excitement after reading your note. it is what I never received before. it is the unrestrained pouring out of a warm gentle, generous heart, it contains sentiments unrestrained by human motives, prompted by the pure God himself. it expresses a noble sympathy which I do not, cannot deserve – Ellen religion has indeed elevated your character. I thank you with energy for this kindness – I will no longer shrink from your questions – I do wish to be better than I am. I pray fervent

Autographe de l'une des lettres que Charlotte Brontë envoya à Ellen Nussey. Elle lui en écrivit plus de cinq cents.
Les deux femmes se rencontrèrent à l'adolescence, alors qu'elles fréquentaient la Roe Head School, et se lièrent d'une amitié indéfectible. Après la mort de Brontë, Nussey refusa de détruire leur correspondance bien qu'Arthur Nicholls, veuf de l'écrivaine, le lui eût demandé. Cette correspondance fut l'une des principales sources de la première biographie de Charlotte Brontë, que son père avait commandée à la romancière Elizabeth Gaskell et qui parut dès 1857.

Vue du presbytère de Haworth, où la famille Brontë emménagea en 1820. En dehors de ses deux séjours à Bruxelles et de quelques voyages à Londres, Charlotte Brontë y vécut toute sa vie, et c'est là qu'elle écrivit ses romans.
Il abrite aujourd'hui le Brontë Parsonage Museum, et est devenu le théâtre d'un pèlerinage littéraire international. L'entière contrée du Yorkshire occidental entourant l'austère bâtisse a été rebaptisée le « Brontë Country ».

enfants est séparé de vous de 160 lieues de distance et que vous devez rester six mois sans lui écrire, sans recevoir de ses nouvelles, sans en entendre parler, sans savoir comment il se porte, alors vous comprendrez facilement tout ce qu'il y a de dure dans une pareille obligation. Je vous dirai franchement, qu'en attendant, j'ai tâché de vous oublier, car le souvenir d'une personne que l'on croit ne devoir plus revoir et que, pourtant, on estime beaucoup, harasse trop l'esprit et quand on a subi cette espèce d'inquiétude pendant un ou deux ans, on est prêt à tout faire pour retrouver le repos. J'ai tout fait, j'ai cherché les occupations, je me suis interdit absolument le plaisir de parler de vous – même à Emilie mais je n'ai pu vaincre ni mes regrets ni mon impatience – c'est humiliant cela – de ne pas savoir maîtriser ses propres pensées, être esclave à un regret, un souvenir, esclave à une idée dominante et fixe qui tyrannise son esprit. Que ne puis-je avoir pour vous juste autant d'amitié que vous avez pour moi – ni plus ni moins ? Je serais alors si tranquille, si libre – je pourrais garder le silence pendant six ans sans effort.

[…] Puis-je vous écrire encore au mois de Mai prochain ? J'aurai voulu attendre toute une année – mais c'est impossible – c'est trop long.

C. Brontë

Je dois vous dire quelques mots en anglais[1] – j'aimerais pouvoir vous écrire des lettres plus joyeuses,

[1] Brontë conclut la lettre par un post-scriptum en anglais.

car en relisant celle-ci, je la trouve plutôt lugubre – mais pardonnez-moi mon cher Maître – et que ma tristesse ne vous agace point – la Bible dit : « Ce que dit la bouche, c'est ce qui déborde du cœur », et je trouve vraiment difficile d'être joyeuse dès lors que je pense que je ne vous verrai plus jamais. [...] Adieu mon cher Maître – que Dieu vous protège tout particulièrement et qu'il vous couronne de sa bénédiction.

C.B.

Charlotte Brontë garda d'excellentes relations avec Margaret Wooler, la directrice de la Roe Head School. Au-delà des préoccupations financières développées dans cette lettre, il transparaît que l'autrice avait parfaitement conscience que son frère Branwell, devenu alcoolique et opiomane, ne serait plus d'aucun secours économique pour ses trois sœurs et qu'à la mort de leur père, elles risquaient de se trouver sans le sou. C'est avec cette clairvoyance qu'elle oppose l'éducation des garçons à celle des filles. En outre, l'exaltation de la femme indépendante que l'on trouve en clôture de cette missive redouble l'éloge de la sororité par laquelle elle débute.

À Margaret Wooler

Haworth, 30 janvier 1846

Chère Miss Wooler,

[...] J'ai été très inquiète qu'il ne soit déjà trop tard pour vendre nos parts – que je souhaite momentanément investir dans un placement moins rentable mais plus sûr. Je ne parviens pourtant pas à persuader mes sœurs d'adopter mon point de vue sur la question, et je sens que je préfèrerais courir le risque de tout perdre plutôt que de heurter les sentiments d'Emily en agissant à l'exact opposé de son avis : elle a géré nos affaires de la manière la plus élégante et habile qui soit tandis que je me trouvais à Bruxelles, période pendant laquelle elle a pris soin de mes propres deniers. Je vais donc la laisser continuer à tout gérer et en assumer les conséquences. Il ne fait aucun doute qu'elle est énergique et désintéressée ; et si elle n'est pas aussi souple et conciliante que je le souhaiterais, c'est le moment de me souvenir que la perfection n'est pas de ce monde. Vouons, aussi loin que nous le pouvons, une estime profonde et inébranlable à ceux que nous aimons et auxquels nous sommes étroitement liés ; il importe peu qu'ils nous contrarient occasionnellement en adoptant un point de vue qui nous paraît déraisonnable ou têtu. Vous, ma chère Miss Wooler, vous connaissez aussi bien que moi la valeur de l'affection entre sœurs ; rien d'autre au monde ne l'égale selon moi, quand elles ont presque le même âge et que leur instruction, leurs goûts et leurs sentiments sont semblables.

Vous vous enquérez de Branwell : il ne lui viendrait pas à l'idée de chercher un emploi, et je commence à craindre qu'il ne se soit rendu inapte à toute situation respectable dans la vie. D'autre part, s'il avait de l'argent à sa disposition, il ne l'utiliserait que pour se faire du mal ; j'ai bien peur que toute faculté d'autonomie ne soit en lui anéantie. Vous me demandez si je pense que les hommes sont des êtres étranges – c'est le cas en effet, je pense souvent cela – et je pense aussi que la façon dont on les éduque est étrange, car ils ne sont pas suffisamment mis en garde contre la tentation – les Filles sont protégées comme si elles étaient des choses très fragiles et idiotes, alors que les garçons sont lâchés sur la Terre comme si, de tous les êtres qui existent, ils étaient les plus sages et les moins susceptibles d'être détournés du droit chemin.

[...] Vous avez travaillé dur et sans relâche dans votre prime jeunesse, renonçant à tout plaisir et presque à tout repos ; vous voilà maintenant libre avec, je vous le souhaite, de belles années devant vous, pleines de vigueur et de santé pour savourer cette liberté. Cela m'offre un autre motif très égoïste pour me réjouir : il semble donc que même « une femme seule » puisse être heureuse, et cela tout autant que les épouses chéries et les fières mères – J'en suis heureuse – Ces temps-ci, je réfléchis beaucoup à la vie des femmes qui ne sont pas mariées et de celles qui ne le seront jamais. Je suis déjà arrivée à la conclusion que personne ne mérite autant de respect qu'une femme non mariée qui trace son propre chemin dans la vie, avec une persévérance patiente et sans l'appui d'un mari ou d'un frère, et qui peut se targuer, à 45 ans ou plus, d'avoir un esprit équilibré, les dispositions nécessaires pour apprécier

des plaisirs simples, la force d'endurer d'inévitables peines, la compassion pour les souffrances d'autrui et la volonté de les alléger autant qu'elle en est capable. [...]
Votre très affectionnée

C. Brontë

Écrivez-moi encore lorsque vous en aurez le temps.

En janvier 1846, Charlotte Brontë écrit aux fondateurs de la maison d'édition Aylott & Jones afin de leur soumettre un recueil de poésies signé des pseudonymes Currer, Ellis et Acton Bell. Bien qu'il ait été l'instigateur des jeux littéraires de leur enfance et qu'il ait à cette date écrit environ 40 000 vers, Branwell est désormais dans un état psychique si dégradé que ses sœurs ont résolu de garder le secret quant à cette aventure éditoriale dont il est évincé.
La structure générale de l'ouvrage prévoit un entrelacs des auteurs dont les poèmes respectifs se succèdent (21 textes d'Ellis, 21 d'Acton et 19 de Currer Bell). Publié en mai, le livre sera plutôt bien accueilli par The Critic, The Athenaeum *et le* Dublin University Magazine *; toutefois, il ne s'en vendra qu'une poignée d'exemplaires.*
En avril de la même année, Charlotte Brontë avait de nouveau contacté Aylott & Jones pour leur proposer un roman en trois volumes, qui fut cette fois-ci refusé : on lui conseilla de s'adresser à une maison d'édition spécialisée dans la prose. Elle leur répondit par la lettre qui suit, dans laquelle il est peu aisé de

distinguer la candeur de l'écrivaine de sa détermination sans borne.

À Messieurs Aylott & Jones

11 avril 1846

Chers Messieurs,

Au nom de C., E. et A. Bell, je tiens à vous remercier de nous avoir aimablement offert vos conseils ; aussi, je m'autorise à vous demander des éclaircissements sur deux ou trois points.

C'est une évidence que les auteurs inconnus rencontrent de grandes difficultés avant de réussir à présenter leurs écrits au public, mais pourriez-vous me donner quelques trucs pour surmonter au mieux ces difficultés ? Par exemple, dans le cas présent où nous avons affaire à une œuvre de fiction, quelle forme serait la plus appropriée afin qu'un éditeur accepte le manuscrit ? Le proposer directement comme un ouvrage en 3 volumes ? Ou plutôt comme des récits à publier en tant qu'épisodes d'un roman-feuilleton ou comme contribution à tel ou tel magazine ? Est-ce là une pratique courante ? Quels éditeurs seraient susceptibles d'accueillir favorablement ce genre de proposition ? Cela suffirait-il de s'adresser à un éditeur par écrit ou bien faudrait-il recourir à une entrevue personnelle ? Votre avis et vos conseils, sur ces trois points comme sur tous ceux que votre expérience jugera importants, seront pour nous la marque d'une immense faveur.

Je suis, Messieurs, votre dévoué,

C. Bell

C'est toujours sous l'incongru pseudonyme de Currer Bell que l'autrice envoie à la maison d'édition Smith, Elder & Co le manuscrit de Jane Eyre, *le 14 août 1847. Rédacteurs et éditeurs se passionnent pour le roman dont la première édition paraîtra à la mi-octobre de la même année. Dans les lignes qui suivent affleure l'intérêt de l'écrivaine pour le réalisme anglais naissant – dont Charles Dickens était l'un des principaux représentants, qu'elle articule toutefois avec la tradition gothico-romantique. William Smith Williams, le destinataire de cette lettre, est le référent de Charlotte Brontë auprès de la maison d'édition ; il deviendra dès lors l'un de ses correspondants les plus assidus et, par là même, un fidèle confident.*

À W.S. Williams

28 octobre 1847

Cher Monsieur,

Il m'a été très agréable de lire votre dernière lettre et très réconfortant d'y songer. Je me sens honoré d'être apprécié de Mr Thackeray parce que j'apprécie moi-même Mr Thackeray. Cela sonnera peut-être présomptueux, mais je veux dire par là qu'il y a longtemps que je perçois dans ses écrits un talent si authentique que j'en suis venu à l'admirer, que j'en suis émerveillé et enchanté. Je ne crois aucun autre auteur capable de distinguer de manière si exquise le diamant pris dans la houille, ou le vrai du faux. Je pensais également qu'il avait des sentiments profonds et sincères sous sa sévérité de façade – à présent j'en suis sûr. Venant d'un tel homme, une seule bonne parole vaut plus que des pages entières d'éloges de la part de juges ordinaires.

Vous avez raison de croire en la réalité du personnage d'Helen Burns ; elle était sacrément réelle, je n'ai rien exagéré sur ce point et je me suis même abstenu de rapporter tout ce dont je me souviens à son sujet, faute de quoi le roman aurait perdu en vraisemblance. Sachant cela, je n'ai pu m'empêcher de sourire devant le dogmatisme, calme et condescendant, avec lequel une revue a déclaré que « des personnages tels qu'Helen Burns sont fort beaux mais pas du tout crédibles ».

L'intrigue de *Jane Eyre* est peut-être galvaudée – Mr Thackeray signale qu'elle lui est familière – mais s'il est vrai que j'ai lu relativement peu de romans, je ne l'ai jamais rencontrée ailleurs, et j'ai pensé qu'elle était originale. Je n'ai pas eu la chance de lire la critique de l'œuvre dans l'*Athenaeum*'s ; quant au *Weekly Chronicle*, il semble décidé à m'identifier à Mrs Marsh[1]. Je n'ai de ma vie jamais eu le plaisir de me pencher sur une seule ligne de Mrs Marsh, mais j'ai très envie de lire ses œuvres et je profiterai de la première occasion pour le faire. J'espère ne pas l'avoir inconsciemment copiée.

Je continue de m'efforcer de tempérer mes attentes en ce qui concerne le succès récent de *Jane Eyre* ;

[1] Charlotte Brontë se réfère ici à Anne Marsh-Caldwell (1791-1874), dont le roman *Emilia Wyndham* avait rencontré un véritable succès l'année précédente. Le *Weekly Chronicle* avait supposé que l'autrice qui se cachait derrière le pseudonyme de Currer Bell, lequel trônait sur le frontispice de *Jane Eyre*, n'était autre que Marsh.

toutefois mon désir qu'il en ait augmente, parce que vous vous êtes beaucoup battu pour cette œuvre, et je serais mortifié si vos courageux efforts devaient s'avérer vains et vos intrépides espoirs déçus. Excusez-moi si j'insiste de nouveau sur ma crainte qu'ils ne soient trop intrépides ; il vaudrait mieux les modérer. Que pourraient-ils voir en *Jane Eyre* (s'ils daignaient le lire), les critiques des Revues Mensuelles et des Magazines, qui leur arrache ne serait-ce qu'une once d'approbation ? Le roman ne contient nul enseignement, nulle recherche, pas plus qu'il n'affronte aucun sujet qui intéresse le public. C'est un simple roman domestique qui, j'en ai bien peur, semblera trivial aux hommes à l'esprit ouvert et aux solides convictions. Des efforts continus, énergiques et infatigables tels que les vôtres devraient porter leurs fruits, et je suis sûr que ce sera le cas.

Je suis, cher Monsieur, votre dévoué,
Respectueusement,

C. Bell

Je viens de recevoir le *Tablet* et le *Morning Advertiser* – ni l'un ni l'autre journal ne semble trop hostile au roman, mais je remarque qu'il produit des effets très différents sur des natures différentes. L'analyse qu'en fait le *Tablet* m'a amusé, certains passages sont très bizarrement tournés – je pense que le critique n'a pas toujours saisi mon propos – il parle par exemple des incompréhensibles tourments de « Jane » face aux repoussantes manières de Mr Rochester – Je ne me souviens pas de cela.

Avec la parution de Jane Eyre, *Charlotte Brontë entame des correspondances avec les auteurs et critiques les plus influents de l'époque victorienne. Le rôle central de l'imagination dans la littérature romanesque fait l'objet de confrontations régulières avec George Henry Lewes (1817-1878), philosophe érudit et compagnon de la romancière George Eliot (1819-1880). Lors de ces joutes, l'écrivaine s'affranchit dans sa réflexion théorique de la rigide obligation de restitution de l'expérience réelle tout en démontrant sa parfaite compréhension des enjeux éditoriaux de son époque.*

À G.H. Lewes

6 novembre 1847

Cher Monsieur,
J'ai reçu hier votre lettre. Je vous prie de croire que j'apprécie beaucoup l'intention avec laquelle elle a été écrite, et je vous remercie sincèrement tant pour les éloges encourageants que pour les conseils avisés qu'elle contient.
Vous me mettez en garde contre le risque du mélodrame et m'exhortez à m'arrimer au réel.
Quand j'ai commencé à écrire, j'étais si fasciné par l'authenticité des principes que vous prêchez que j'étais déterminé à prendre la Nature et la Vérité pour uniques guides, afin d'en suivre pas à pas les traces. Je contenais mon imagination, fuyais les incises romantiques et réprimais toute emphase; j'évitais également les tons trop vifs et tâchais de parvenir à quelque chose qui soit doux, grave et vrai.

Lorsque j'ai achevé mon ouvrage (un récit en un seul volume), je l'ai envoyé à un éditeur. Il a dit qu'il était original, fidèle à la Nature, mais qu'il ne lui semblait pas avoir de garanties suffisantes pour l'accepter : un tel roman ne se vendrait pas. J'ai essayé avec six autres éditeurs après cela ; tous m'ont dit qu'il y manquait quelque « soudaine péripétie », quelque « tension palpitante », qu'il ne trouverait jamais sa place dans les bibliothèques populaires. Et comme le succès des romans dépend grandement de ces bibliothèques, ils ne pouvaient prendre le risque de publier quelque chose qui y serait ignoré. Les mêmes objections ont été dans un premier temps faites à *Jane Eyre*, mais il a finalement été accepté.

Si je vous dis cela, ce n'est pas pour me soustraire à la critique mais afin d'attirer votre attention sur la racine de certains maux littéraires [...].

Vous me recommandez également de ne pas trop m'éloigner du terrain de l'expérience, parce que je perds en force lorsque je pénètre celui de la fiction ; et vous ajoutez que l'expérience réelle reste toujours et pour tous intéressante.

Je suis du même avis que vous mais, cher Monsieur, l'expérience réelle de chaque individu n'est-elle pas terriblement limitée ? Et si un écrivain s'appuie uniquement sur elle, ne court-il pas le danger de se répéter, mais également de devenir égotiste ?

Car encore, l'imagination est une faculté puissante et bouillonnante, qui nous intime de l'écouter et de l'exercer ; devons-nous demeurer sourds à son appel et insensibles à son combat ? Quand

elle nous montre de vibrantes images, ne devons-nous jamais les contempler et tâcher de les reproduire ? Et lorsque, éloquente, véloce et insistante, elle nous murmure à l'oreille, ne devons-nous pas coucher sur le papier ce qu'elle nous dicte ?
J'ai hâte de lire votre avis sur ces questions dans le prochain numéro de *Frazer*.
Croyez-moi, cher Monsieur,
Sincèrement vôtre,

C. Bell

Après le succès de Jane Eyre, *W.S. Williams suggère à l'autrice de publier un roman-feuilleton, forme éditoriale à l'époque extrêmement populaire. Consciente de ses limites et de sa maturité littéraires, Charlotte Brontë décline la proposition et préfère s'atteler à remanier* Le Professeur, *manuscrit abandonné depuis quelques années et fortement inspiré par son expérience bruxelloise. Il ne paraîtra qu'à titre posthume en 1857.*

À W.S. Williams

14 décembre 1847

Cher Monsieur,
Je viens juste de recevoir votre lettre, gentille et bienvenue, datée du 11. Venons-en d'emblée au point principal.
Bien sûr que mon esprit a été très occupé par un deuxième écrit. Je crois qu'il serait pour moi prématuré de me lancer dans un roman-feuilleton ; je

ne suis pas encore qualifié pour cette tâche. Je n'ai pas encore suffisamment rencontré les faveurs du public ; je n'ai pas assez confiance en moi-même ; je ne peux pas non plus me vanter de posséder l'âme sauvage et indomptable qui commande aussi les facultés de composition et qui, vous l'avez dit et j'en suis persuadé, est un prérequis indispensable pour réussir dans la littérature à épisodes. Je sens décidemment que ce n'est pas mon territoire et qu'il vaut mieux que je m'aventure dans un autre roman en trois volumes.

En ce qui concerne cette hypothèse, j'y ai réfléchi et travaillé, mais les résultats sont jusqu'à présent très insatisfaisants. J'ai rédigé trois incipit mais tous trois me déplaisent. Il y a quelques jours de cela, j'ai repris *Le Professeur*. J'ai trouvé le début très faible, et le roman manque dans son ensemble de péripéties et de charme. Toutefois, la seconde moitié de l'ouvrage, c'est-à-dire tout ce qui se rapporte à Bruxelles, à l'école belge, etc., me semble digne de mes capacités d'écriture ; s'y trouvent à mon avis plus de moelle et de substance, plus de réalité à mes yeux que dans une grande partie de *Jane Eyre*. Cela offre, je crois, un nouveau regard sur une classe sociale, sur un métier et sur une typologie de personnages certes tous très communs et en soi insignifiants, mais pas plus, à vrai dire, que la matière dont est faite la portion de *Jane Eyre* qui plaît généralement le plus.

Je désire donc remanier *Le Professeur*, combler du mieux que je peux ses manques, y faire quelques coupes et développer au contraire d'autres parties

pour en faire un roman en trois volumes. Ce n'est pas tâche facile, je le sais, mais elle ne me paraît pas infaisable.
[...] Avez-vous lu ou jeté un œil au manuscrit? Qu'en avez-vous pensé, a-t-il une quelconque valeur? Et croyez-vous que je puisse l'améliorer?
C'est parce que j'ai la certitude, pour des raisons d'affaires et du fait de votre intégrité naturelle, que vous serez tout à fait franc que c'est pour moi un privilège de pouvoir m'en remettre à vous.
Croyez-moi, cher Monsieur, très respectueusement vôtre,

C. Bell

Les Hauts de Hurlevent a enfin été publié – c'est du moins ce que je déduis puisque Mr Newby a envoyé aux auteurs leurs six exemplaires; je me demande comment il sera accueilli. Je dois dire qu'il mérite bien plus que *Jane Eyre* les épithètes «vigoureux» et «original». *Agnès Grey* devrait plaire aux critiques comme Mr Lewes dans la mesure où il est assez «vrai» et «sans exagération». Les livres ne sont guère réussis, ils regorgent d'erreurs d'impression. Il se peut que je me sois autrefois exprimé sur Mr Newby avec trop peu de réserve; néanmoins je me dois de remarquer, non sans chagrin, qu'Ellis et Acton n'ont pas reçu, chez lui, le soin qui m'a été offert par Messieurs Smith & Elder.

Les deux lettres qui suivent encadrent le moment où Charlotte Brontë fut contrainte de révéler sa véritable identité (ainsi que celle de ses sœurs) à ses éditeurs. En effet, il se murmurait que les écrits des frères Bell étaient le fait d'un seul et unique écrivain. D'abord amusée par la nouvelle, Charlotte profita d'une longue réponse à W.S. Williams pour se livrer à un plaidoyer féministe, à la fois vibrant et désabusé.
Toutefois, la rumeur enfla, mettant en péril une possible parution américaine.
Partie en catastrophe pour Londres avec sa sœur Anne début juillet 1848, Charlotte Brontë plongea Williams et Smith dans la plus grande stupeur en se présentant sans crier gare dans leur librairie du 65 Cornhill : les deux messieurs réalisèrent brusquement que Currer et Acton Bell étaient en fait des femmes. Le récit détaillé et cocasse de cet épisode est restitué dans la lettre du 4 septembre 1848 adressée à Mary Taylor, amie d'enfance, romancière et féministe.

À W.S. Williams

12 mai 1848

Mon cher Monsieur,
[...] Je ne peux guère décrire combien m'ont amusé les rumeurs que vous rapportez dans votre lettre quant à l'auctorialité de *Jane Eyre*. Jamais n'aurais-je osé espérer de si parfaits ragots, c'est-à-dire aussi loin que possible de la vérité ; et comme ils ne possèdent pas l'once d'un fragment de réalité sur laquelle bâtir leurs fables, ils se lancent dans de

pures inventions. Je pense que le juge Erle a tout bonnement fabriqué un canular; l'autre bobard est renversant – avec force détails! Il a fait appel à l'auteur, ma foi! Où vivait-il, je me le demande... dans quel pays de Cocagne? Bon, je m'arrête ici, autrement je serais capable de remplir une autre pleine page.

Croyez-moi sincèrement vôtre,

C. Bell

P.S. – Je dois finalement ajouter un petit bout de papier car il me semble, en relisant votre lettre, ne pas avoir répondu à une question que vous m'avez posée concernant mon prochain roman. J'ai jusqu'à présent évité d'y traiter de gouvernantes, car je ne souhaite pas qu'il ressemble à son prédécesseur. Je désire souvent dire quelque chose à propos de la «condition des femmes», mais c'est une question sur laquelle tant «d'âneries» ont été écrites que l'on finit par ressentir une certaine répugnance à l'idée de l'effleurer. Il est hélas trop vrai que l'actuel marché du travail féminin est totalement saturé, mais où et comment en ouvrir un autre? Beaucoup disent que les professions pour le moment réservées aux hommes devraient aussi être ouvertes aux femmes; mais leurs occupants et candidats actuels ne sont-ils pas déjà assez nombreux pour répondre à la demande? Y a-t-il le moindre espace pour des femmes avocats, des femmes docteurs, des femmes graveurs, pour plus de femmes artistes, pour plus d'autrices? S'il est facile de voir là où le bât blesse, trouver le remède est moins aisé. Quand une femme a une petite famille qu'elle doit élever et instruire, et un foyer à tenir, ses mains sont déjà pleines et sa vocation évidente ; lorsque son destin l'isole, je suppose qu'il ne lui reste qu'à faire ce qu'elle peut, à vivre comme elle peut, à se plaindre aussi peu que possible, à faire face et à travailler du mieux qu'elle peut. Ce n'est certes pas de la grande théorie, mais il me semble que cela relève du bon sens et mérite d'être mis en pratique pendant que philosophes et législateurs réfléchissent à une meilleure organisation du système social. En même temps, et cela concerne aussi bien les femmes que les ouvriers, lorsque la besogne a été irréprochable et la patience mise à rude épreuve, qu'elles sont toutes deux déroutées et que triomphent la souffrance et le besoin, je conçois très bien que celui qui souffre se sente libre et autorisé à adresser au Ciel le plus déchirant des appels à l'aide, s'il peut, grâce à cela, espérer obtenir le moindre secours.

À Mary Taylor

Haworth, 4 septembre 1848

Chère Polly,

[…] Il y a environ deux mois, j'ai reçu une lettre de Smith & Elder, mes éditeurs, m'informant du vif succès de *Jane Eyre* en Amérique – et qu'un éditeur, là-bas, avait fait une offre élevée pour les premières pages du nouveau roman de « Currer Bell » qu'on avait promis de lui procurer. Juste après,

une autre missive de Smith & Elder est arrivée – pleine d'alarme, de suspicion et de courroux – leur correspondant américain venait de leur écrire pour se plaindre de ce que les premières pages du nouveau roman de « Currer Bell » lui avaient été envoyées non par leur maison d'édition, mais par celle d'un rival – et demandant des explications sur ce coup fourré – elle contenait un extrait d'une lettre de Mr Newby (l'éditeur de A. & E. Bell) affirmant qu'à « son humble avis, *Jane Eyre*, *Les Hauts de Hurlevent*, *Agnès Grey* et *La Locataire de Wildfell Hall* étaient le fruit d'un seul et unique écrivain ».
C'était un mensonge, bien sûr, puisqu'il avait été dit et répété à Mr Newby qu'il s'agissait là de la production de 3 auteurs différents – le fait est qu'il voulait jouer un jeu tordu – à savoir faire croire au Public et aux Vendeurs qu'il s'était accaparé « Currer Bell », roulant ainsi Smith & Elder en s'assurant de l'offre de l'éditeur américain.
Résultat : quand la seconde missive de Smith & Elder est arrivée, Anne et moi avons le jour même préparé une petite valise que nous avons envoyée à Keighley – avons pris la route après le thé – cheminé sous l'orage jusqu'à la gare – rejoint Leeds puis Londres par le train de nuit – cela afin de prouver nos identités distinctes à Smith & Elder et de mettre Newby face à son mensonge.
Nous sommes arrivées au Chapter Coffee House – (comme au bon vieux temps, Polly – on ne savait pas vraiment où aller sinon) – vers 8 heures du matin – Nous nous sommes lavées – avons pris

un petit-déjeuner – nous nous sommes reposées quelques minutes puis, dans une curieuse excitation intérieure, nous nous sommes mises en route vers le 65 Cornhill. Ni Mr Smith ni Mr Williams n'étaient au courant de notre venue – ils ne nous avaient jamais vues – ils ne savaient pas si nous étions des hommes ou des femmes – mais nous avaient toujours écrit en s'adressant à nous comme à des hommes.

Nous avons trouvé le 65 – une vaste librairie dans une rue presqu'aussi débordante d'activité que le Strand – nous sommes entrées – nous sommes approchées du comptoir – c'était plein de jeunes hommes et de gamins – j'ai dit au premier venu – « Puis-je voir Mr Smith ? » – il a hésité, l'air un peu surpris – mais est allé le chercher – nous nous sommes assises et avons attendu un moment – feuilletant des livres posés sur le comptoir – des publications de leur cru que nous connaissions bien et dont ils nous avaient envoyé de nombreux exemplaires en cadeau. Enfin, quelqu'un est arrivé et a dit d'un air dubitatif : « Vous avez demandé à me voir, M'dame ? » « Êtes-vous Mr Smith ? » ai-je dit en fixant à travers mes lunettes un grand jeune homme distingué. « Oui, c'est bien moi. » Je lui ai alors mis entre les mains sa propre lettre adressée à « Currer Bell ». Il l'a regardée – puis m'a regardée – puis la lettre – puis moi encore – Face à son étrange perplexité, je me suis mise à rire – il commençait à me reconnaître – je lui ai donné mon vrai nom – « Miss Brontë » – De la boutique, nous nous sommes tous deux hâtés

vers une petite arrière-salle – éclairée par un large shed et juste assez grande pour contenir trois chaises et un bureau – et alors les explications se sont mises à fuser – je crains même que la véhémence de l'anathème jeté à Mr Newby n'ait été un peu excessive. Smith est sorti prestement et est revenu avec quelqu'un qu'il m'a présenté comme Mr Williams – un homme pâle, chétif et vouté d'une cinquantaine d'années – le sosie rabougri de Tom Dixon – lui aussi m'a reconnue – poignée de main, longue et nerveuse – nous avons ensuite parlé – parlé – parlé – Mr Williams était silencieux – Mr Smith loquace –
« Permettez-moi de vous présenter ma mère et mes sœurs – Combien de temps resterez-vous en ville ? Vous devez profiter de votre séjour – Ce soir, vous devez aller à l'Opéra italien – Vous devez voir l'Exposition – Mr Thackeray serait ravi de vous rencontrer – Si Mr Lewes apprenait que « Currer Bell » est en ville… – Il serait obligé de fermer son clapet – Je vais les inviter tous deux à dîner chez moi, etc. » – J'ai mis fin à ses projets et beaux discours par une explication sérieuse – en disant que j'aimerais énormément rencontrer Mr Lewes, et plus encore Mr Thackeray – mais que nous étions plus résolues que jamais à préserver notre anonymat – que nous avions choisi de nous dévoiler seulement auprès de nos éditeurs – afin de les débarrasser des inconvénients qu'un mystère trop bien gardé leur avait apportés – pour le reste du monde nous devions demeurer des « gentilshommes » comme jusqu'alors.

Williams m'a immédiatement comprise – Smith a saisi plus lentement, par paliers – Il n'aimait pas ce plan trop calme – il aurait voulu de l'excitation, de l'éclat, etc.
Il nous a alors suppliées d'assister, incognito, à une fête littéraire – Il nous aurait présentées comme « des Cousines de la Campagne ». Le désir de rencontrer certaines des personnalités qu'il avait citées m'a très fortement embrasée – Mais après réflexion, j'ai pensé qu'il ne pouvait pas s'aventurer à inviter des hommes tels que Thackeray et consorts du jour au lendemain, sans leur donner un indice de qui ils allaient rencontrer – Même à cela, j'ai renoncé – J'ai senti que cela se serait terminé par une sorte de spectacle dont nous aurions été toutes deux les protagonistes – soit quelque chose que j'ai résolu de toujours éviter.

CB

En 1847-1848, la tuberculose revient chez les Brontë, qui se contaminent les uns les autres. Branwell est le premier à périr, probablement d'épuisement plus encore que de la maladie. Cadet d'un an de Charlotte, il était affecté depuis quelque temps déjà de delirium tremens, de crises de manque et de bouffées délirantes. La lettre de Charlotte faisant part de sa disparition à W.S. Williams est à la fois affectueuse et lucide, mortifiée et implacable. On y lit la trajectoire errante de ce frère d'abord génial, source séminale de la graphomanie familiale, son déclin et

son éviction de l'entreprise éditoriale de ses sœurs. Cet état de déchéance a sans doute alimenté la construction des personnages de Heathcliff et de Hindley dans Les Hauts de Hurlevent *d'Emily Brontë.*
Cette dernière, écrasée de douleur et harassée par la toux phtisique, refuse après le décès de son frère de quitter les murs du presbytère. Son mal empire vite, et elle succombe à son tour le 19 décembre, entourée de son père et de ses deux sœurs. Si Charlotte est dans un premier temps épargnée par les ravages poitrinaires, la mort de sa sœur Anne, en mai 1849, achève de la plonger dans une dépression qui ralentit considérablement la rédaction de Shirley *et de* Villette.

À W.S. Williams

Haworth, 2 octobre 1848

Mon cher Monsieur,
« Nous avons enterré le défunt loin de notre regard. » Une accalmie se forme en lieu et place du tumulte de la semaine dernière. Il ne nous est pas permis de pleurer celui qui s'en est allé comme d'autres pleurent ceux qu'on leur enlève. Nous devons considérer la perte de notre unique frère comme une délivrance, plutôt que comme un châtiment. Quand il était enfant, Branwell était l'orgueil et l'espoir de son père et de ses sœurs, mais tout a changé lorsqu'il est devenu un homme. Quel fardeau de le voir glisser sur la mauvaise pente ; d'attendre et d'espérer son retour sur le droit chemin ; de connaître la maladie des espoirs trahis et le désarroi des prières dévoyées ;

de faire, à la fin, l'expérience du désespoir – et de devoir maintenant contempler l'avortement sombre et soudain de ce qui aurait pu être un noble parcours.

Ce n'est pas mon deuil qui me fait pleurer – aucun soutien ne m'a été arraché, aucune consolation ne m'a tourné le dos, aucun cher compagnon que j'aie perdu – je pleure l'échec du talent, l'effondrement des promesses, l'extinction morne et prématurée de ce qui aurait pu être une lueur brillante et ardente. Mon frère était d'un an mon cadet. J'avais des ambitions et des rêves pour lui autrefois, il y a longtemps – ils ont misérablement péri. De lui ne reste rien d'autre que le souvenir d'erreurs et de souffrances. L'inexorable débâcle de sa vie et de sa mort, et le vide dévorant de son existence tout entière sont tels que je ne peux les décrire. Je m'en remets au temps, qui apaisera mes sentiments.

Mon pauvre père avait une opinion naturellement plus haute de son *seul* fils que de ses filles et, quoiqu'il ait souffert longtemps et beaucoup par sa faute, il a à sa perte crié comme David à celle d'Absalon – mon fils ! mon fils ! – et a d'abord refusé qu'on le console. Et quand j'ai enfin pu reprendre mes forces et être pour lui d'un quelconque réconfort, je me suis sentie malade d'une maladie dont j'avais déjà autrefois connu l'assaut, et dont la crise avait été précipitée par l'effroi et le trouble du spectacle de la mort – le premier dont j'aie jamais été témoin. Cette semaine passée m'est apparue bien étrange. Dieu soit loué, pour le salut de mon père, je vais mieux aujourd'hui, mais je

suis encore faible. J'aimerais d'ailleurs avoir en général plus de force physique – je ne fais que poursuivre tristement ce désir. Je ne peux faire ce que je voudrais faute d'un puissant esprit animal et d'une force physique efficace.
Mon malheureux frère n'a jamais su ce que ses sœurs avaient accompli en littérature – il ignorait qu'elles eussent jamais publié ne serait-ce qu'une ligne. Nous ne pouvions pas lui raconter nos efforts, de peur de lui infliger des affres de remords pour toutes ces années gâchées par sa propre main, et pour avoir saboté son talent. Désormais, il ne saura *jamais*. Je ne peux pour l'heure m'attarder sur ce sujet – c'est trop douloureux.
Je vous remercie de votre aimable compassion et prie de tout mon cœur que vos enfants aillent tous bien, et que vous soient épargnés les tourments par lesquels mon père est passé.
Sincèrement vôtre,

C. Brontë

Charlotte Brontë et l'écrivaine Elizabeth Gaskell (1810-1865) étaient liées par une solidarité de consœurs, en pleine époque élisabéthaine, qui se transforma peu à peu en une cordiale amitié. La bonne réputation de Gaskell encouragea d'ailleurs le révérend Patrick Brontë à lui commander la première biographie de sa fille, qui parut en 1857, deux ans après sa mort. Très largement romancé, cet ouvrage a considérablement contribué à forger la légende noire des sœurs Brontë tout en occultant certains épisodes compromettants de la vie de Charlotte.

À Elizabeth Gaskell

25 août 1850

Ma chère Mrs Gaskell,

[…] La *Westminster Review* n'est pas une revue que j'ai coutume de lire, mais j'en ai reçu un numéro il y a quelque temps, en janvier dernier je crois, dans lequel se trouvait un article intitulé « la Mission des Femmes » (l'expression est galvaudée) contenant une foule de choses qui m'ont paru justes et sensibles. Les Hommes commencent à regarder le statut des Femmes avec un point de vue neuf ; quelques-uns, dotés d'une grande empathie et d'un fort sens de la justice, y réfléchissent et en parlent avec une candeur qui force mon admiration. Ils disent cependant, et très justement, que l'amélioration de notre condition dépend dans une certaine mesure de nous-mêmes. Il ne fait nul doute que par nos propres efforts, nous atteindrons au mieux certains maux – nul doute non plus qu'il existe d'autres maux, profondément enracinés dans les fondations du système social, hors de portée de tous nos efforts – dont nous ne pouvons nous plaindre – et auxquels il est recommandé de ne pas trop souvent penser. […]

Au revoir, chère Mrs Gaskell.

Croyez-moi

très sincèrement vôtre,

C. Brontë

En 1854, le révérend Patrick Brontë consent enfin à donner la main de Charlotte à Arthur Nicholls, son vicaire, qui la lui demandait depuis de nombreuses années. Les noces ont lieu au printemps de la même année. Dans cette lettre à George Smith, son éditeur et confident, sont exposés les espoirs – pondérés – et les nombreux doutes provoqués par ce mariage, écartés à la toute fin de la missive par un curieux tour de passe-passe.

À George Smith

25 avril 1854

Mon cher Monsieur,
Je vous remercie pour vos compliments et vos bons vœux ; si ces derniers se réalisaient ne serait-ce qu'en partie – je serais reconnaissante. […] Ce que j'ai à dire s'énonce en peu de mots. Il ne faut point hâter la réflexion dans laquelle on s'est lancé : en ce qui concerne mon fiancé, du moins, c'est le fruit de longues années de méditation, et j'espère qu'en acceptant sa demande en mariage, je fais le bon choix ; c'est là ce que je désire très sincèrement. Mon futur époux est un homme d'Église. Huit ans durant, il fut le vicaire de mon père. Il renonça à sa tâche parce que l'idée de notre mariage n'était pas accueillie comme il l'espérait. La paroisse vécut son départ comme une calamité – parce qu'il s'était dévoué à son office avec une diligence peu ordinaire. Diverses circonstances ont conduit mon père à consentir à son retour, et je ne peux nier qu'il m'a fortement

impressionnée et que mes sentiments ont changé devant la nature et la force des qualités qu'il a fait jaillir durant ces années de fidélité. Je crains de devoir me repentir de ne l'avoir pas traité à sa juste valeur dans le passé. En tout cas, son retour est imminent. Il a refusé de nombreuses propositions prestigieuses pour revenir dans l'obscur village de Haworth. Je crois que je fais bien de l'épouser. Je ferai de mon mieux afin d'être pour lui une bonne épouse. J'ai été plombée par l'angoisse – mais je commence à retrouver l'espoir et à penser que tout ira bien. Mes attentes sont toutefois très feutrées, et si je puis me permettre, très différentes des vôtres avant votre propre mariage. L'Inquiétude et la Peur se tiennent si près de l'Espérance – parfois je l'aperçois à peine, tant elle est masquée par leurs deux ombres – et pourtant je suis reconnaissante aussi – et le Futur et ses doutes doivent être confiés à la Providence. Il y a quelque chose dans ce mariage qui me procure une immense satisfaction et la certitude d'avoir raison : il ne m'ôtera aucun des soins que je dois à mon père. Je ne suis pas forcée de l'abandonner – mon futur mari a consenti à venir vivre ici – aussi Papa est assuré d'avoir une assistance fiable et dévouée pour ses vieux jours. […]
Sincèrement vôtre,

C. Brontë

Très vite après son mariage, Charlotte Brontë est enceinte et en fait part à Ellen Nussey dans une lettre datée du 19 janvier 1855. Tuberculeuse depuis des années, son état de santé se dégrade soudainement et rapidement. Le 21 février, elle envoie ces quelques lignes à son amie pour lui donner des nouvelles. Elle meurt un mois plus tard, le 31 mars 1855.

À Ellen Nussey

21 février 1855

Ma chère Ellen,
Il me faut t'écrire ces quelques mots depuis mon pauvre lit. La nouvelle de la probable guérison de Mercy m'a réjouie comme un rai de soleil. Je ne vais pas te parler de mes souffrances, ce serait inutile et douloureux – je voudrais te rassurer sur un point qui t'apportera, je le sais, un peu de réconfort : j'ai trouvé en mon mari la plus tendre des nourrices, le plus doux des secours – le meilleur réconfort terrestre qu'une femme ait jamais reçu. Sa patience ne flanche jamais bien qu'elle soit éprouvée par des jours tristes et des nuits brisées. Écris-moi, et raconte-moi l'histoire de Mrs Hewitt, la nature et la durée de sa maladie. Dieu merci, Papa va mieux – notre pauvre vieille Tabby est morte et enterrée.
Transmets toute mon affection à Miss Wooler.
Que Dieu te soutienne et te vienne en aide.

C. Brontë

Sommaire

Achevé d'imprimer en février 2021
par Litosystem snc à Perugia,
sur papier Fedrigoni Materica pour la jaquette,
Fedrigoni Woodstock pour la couverture
et Fedrigoni Arena pour les pages intérieures.
Imprimé en Italie.
Dépôt légal : avril 2021.

*

Jaquette, couverture et mise en page : Elena Vozzi
Conception graphique : IFIX

LES PLIS, LES LIVRES PRÊTS-À-EXPÉDIER

STENDHAL

LEOPARDI

AUSTEN

WOOLF

PESSOA

VOLTAIRE

VERDI

NIETZSCHE

SHELLEY

POE

KAFKA

DICKINSON

BAUDELAIRE

GRAMSCI

BRONTË

RILKE

NAPOLÉON

L'ORMA ÉDITIONS